Made in the USA
Las Vegas, NV
07 August 2022

52871899R00066